悦心语

南怀瑾先生著述佳句选摘

复旦大学出版社

《悦心语》是南怀瑾先生的语录集，从《论语别裁》《孟子旁通》等南怀瑾先生代表性著作中精选经典章句而成，浓缩南师智慧精华。

南怀瑾先生是海内外享有盛誉的儒释道大师，将中华文化各种思想融会贯通，带领国人重读中国古代儒、释、道典籍，引导人们关注人的内心，关注人伦世界，关注人文教化。南师著作不是象牙塔里不食人间烟火的精密考校疏证，处处体现着对现实世界的深切关怀，和芸芸众生的生活与命运紧密相连。南怀瑾先生认为，人生的最高境界是：佛为心，道为骨，儒为表，大度看世界；技在手，能在身，思在脑，从容过生活。这正是夫子自道。

谨以《悦心语》一书，深切缅怀敬爱的南怀瑾先生。

書不盡言
言不盡意
有覺聖智
完成人格

辛卯冬 二0二年
九四頑童
南懷瑾

悦心语

南怀瑾先生著述佳句选摘

出版前言

在保存及弘扬中华传统文化的声浪中,有许多重要的学者,其中最具代表性的人物之一,是儒释道大师——南怀瑾先生。

近半个世纪来,南师教化涵盖了儒释道,融汇了诸子百家,更及于医卜天文、拳术剑道、诗词歌赋,其影响既深又远。

南师著述等身,不落窠臼,以个人亲身经历和独到见解,配合历史经验,站在时代高点,阐扬中国传统文化、人生哲学,使现代人得以了解中国文化、历史、哲学的精深奥秘,并帮助现代

悦心语

中国人整理出传统人文文化的基础性读本,同时也有助于现代中国人找回民族自信心和文化归属感。

二〇一二年九月二十九日,南师在苏州太湖大学堂辞世,享年九十五岁。南师已逝,却为我们留下了大量宝贵的精神遗产,那就是他的著述。每在阅读时,总会有一些词句,温暖、和煦,或一针见血——触动着我们的内心,难以忘怀。

在南师离世届四周年之际,本社特将这些打动人心的词句选摘成册,让我们能随时翻阅,感念南师;也提供我们行走人世间为人处世的准则,更是一帖帖调适胸中纠结、矛盾情怀的良药。

南老师,我们想念您,怀念您!

悦心

一

对每一件事，在有动机的时候就做好，要有好的结果，不如有好的开始。

二

才德两个字很难兼全，但有一个东西可以补救，就是"学"，用学问来培养所缺的那一面。

三

君子是无所争的,不但与人无争,于事也无所争,一切是讲礼让而得。

四

任何事业的成功都靠"仁":得意的时候,要依仗仁而成功;失败了,也要依靠仁而安稳。

五

不要怕没有知己,不要怕没有人了解,只要能够充实自己,别人自然能知道你。

六

为道德而活着,有时候会感到寂寞、冷清。所以如果寂寞能当成一种享受,那就可以讲道德了。

悦心语

七

做人要"敏而好学",愈聪明愈好学,这才是了不起的人物。

八

人在得意时,聪明才智很容易露锋芒;但是朴实无华、老实平淡的样子,"愚不可及也",这就很难做到了。

九

学问之道,就是要了解自己的心理,把罪恶的心理消磨了、转化了,那才是真正"仁道"之"仁"。

一〇

没有真正修养的人,不但失意忘形,得意也会忘形,这是没有仁,没有中心思想。

悦 心 语

一一

绝顶聪明的人,不是故意装糊涂,而是把自己聪明的锋芒收敛起来,而转进糊涂。

一二

"怨是用希",能够不怀恨别人,宽恕了别人,所以和别人之间的仇怨就没有了,坏人也会渐渐被感化。

一三

智者的快乐,就像水一样,悠然安详,永远是活泼泼的;仁者之乐,则像山一样,崇高、伟大、宁静。

一四

真正仁的人,是要自己站起来,但是要顾虑到别人的利益,使别人也站起来。

一五

人生一切都是浮云，聚散不定。看通了这点，自然不受环境、虚荣的惑乱，可以建立自己的精神人格了。

一六

学问好的人，内心的修养表达在外面，就是有庄严的温和、自然的威仪，永远是那样安详而恭敬。

一七

一切的进德修业,原则都相同:不是进步,就要退步。没有进步,停留在原地,也是退步。

一八

征服自己比征服天下更难,所谓道德的修养,就是征服自己。

悦心语

一九

人与人相互间要保持一段恰当的距离,同时相处时要尽量避免过失,这样一来,到处都是好朋友、亲兄弟。

二〇

头脑冷静的人,不会跟着别人任意转变看法,会用自己真正的智慧、眼光来看一件事、看一个人。

二一

超过了标准与不够标准,一样都是毛病。

二二

人生要在最后看结论,人要在艰难困苦中才看到他的人格,平常看不出来。

悦心语

二三

为人处事，要真正做到明白。不受别人的蒙蔽并不难，最难的是不要受自己的蒙蔽。

二四

有仁德的人没有忧烦，他的修养可以超越物质环境的羁绊，而达于"乐天知命"的不忧境界。

二五

只要公义之所在,心胸昭然坦荡,人生就没有什么恐惧。

二六

只有君子才能守穷,虽然处在贫困中,还是能够坚定不动摇。

二七

一个真正的君子,都是要求自己:一切成就要靠自己的努力,不要依赖别人,不要因人成事。

二八

只问自己应对人如何,而不要求别人对你如何。

二九

傲要傲在骨子里,外面对人不必傲。

三〇

觉得别人不对,原谅他一点,这就是恕;我们分一点利益出来给别人,这也是恕。

悦 心 语

三一

有些人性格非常倔强，人格又很清高，但这样的性格往往锋芒太露，不但伤害了别人，同时也伤害了自己。

三二

一个人内心没有真正的涵养，就会变成"色厉内荏"，外表满不在乎，内心非常空虚。

三三

学问最难是平淡,安于平淡的人,什么事业都可以做。

三四

讲到人生修养,一个大丈夫,不管对哪门学问,都要能入乎其内、出乎其外,不要被它困住了。

悦 心 语

三五

人应不应该争？不论于人于事，都应该争，但是要争得合理。

三六

学问的道理，并不是只读死书，而是注重现实人生中的做人处世。

三七

　　一个人不怕没有地位,最怕自己没有什么东西站得起来。

三八

　　一件事情到手的时候,要谨慎考虑,但过分谨慎就变成小气。

三九

我们做人做事,要尽量注意"不迁怒,不贰过",那么,"虽不中,亦不远矣"。

四〇

文质彬彬,后天文化的熏陶与人性本有的朴素气质互相均衡了,那才是君子之人。

四一

临事而惧并不是怕事,而是说任何一件事到手上,开始时就怕会失败,所以要考虑周详。

四二

真正的"威"是内心道德的修养,坦荡荡的修养到达了,就自然有威。

悦心语

四三

一个人有了才能,还要修养弘毅的胸襟、深厚的美德,要不骄不吝。

四四

交朋友要敬而无失;朋友交得愈久、愈亲近了,就要愈诚敬。

四五

"名不正,则言不顺",在理论上讲不过去的事,就是不合理的事,一定不会成功的。

四六

"躬自厚,而薄责于人",责备人家要以宽厚存心,要求自己则要严格检点。

悦 心 语

四七

一件事没有成功,往往是因为自己心理的疲劳与退缩,不是客观因素。

四八

自己痛切反省,心里并不蕴藏怨天尤人的念头;这种心理是绝对健康的心理,这样才是君子。

四九

人与人之间有偏差,事与事之间彼此有矛盾;调整这个偏差,中和这个矛盾,就靠"礼"。

五〇

世上任何事情,是非、利害、善恶都是相对的,没有绝对的。

悦心语

五一

待人接物,遇事退一步,把利益权位都让给人家,心里就舒服,并不希望人家事后报答。

五二

"无伐善,无施劳"——有了好的表现,可是并不宣传;自己认为劳苦的事,不交给别人。

五三

"不愤不启,不悱不发",不知道的事情,非知道不可,多怀疑就自然会去研究。

五四

富贵如浮云,可是一般人看不清楚。只在得意时看到富贵像云般聚拢,没想到接着就会散去。

五五

"为之不厌,诲人不倦",不但是学问如此,就是做事、做领导人,都应该如此。

五六

君子要做到坦荡荡,胸襟永远是光风霁月;像春风吹拂,清爽舒适;如秋月挥洒,皎洁光华。

五七

对一个人的成就来说,有时候年轻多吃一点苦头,多受一点曲折艰难,是件好事。

五八

最了不起的人最平凡。如感觉到不凡,那是犯了"自命不凡"的毛病。

悦心语

五九

"逝者如斯夫,不舍昼夜。"历史是不能停留的,时代是向前迈进的,宇宙如此,人生也是如此。

六〇

培养气质,不是衣服装饰可以培养得出来的,要在内心上具有这种修养、风度。

六一

"爱之欲其生,恶之欲其死"是人类最大的缺点,最大的愚蠢。

六二

所谓仁就是爱人,也是人与人之间相处和自处的高度修养,也可以说是做人的艺术。

悦心语

六三

欲望的奔驰,会使人心非常危险,能毁灭了自己,也毁灭了世界。

六四

替自己想时,也能替别人想,就是很了不起的功德。

六五

一个真正有志于仁的人,看天下没有一个人是可恶的,对好的要爱护,对坏的要怜悯他,慈悲他,感化他。

六六

性情要养得通达,胸襟不可那么狭隘,不要有一点事就想不开,一句话就放不开,否则成就就太有限了。

悦心语

六七

"知者利仁",人若真有智慧,修养到达仁的境界,无论处于贫富之际、得意失意之间,都会乐天知命,安之若素。

六八

有时言语给人的伤害比杀人一刀还痛苦。

六九

真信到极点,也就悟了;真悟到以后,才是正信。没有悟到、证到以前,都是迷信。

七〇

做了好事需要马上丢掉;相反的,有痛苦的事情,也是要丢掉。

悦心语

七一

这个世界因为有缺陷,所以得"堪忍"——能够忍,忍受很多的痛苦,这是给生命辅导的药。

七二

心中既无烦恼也无悲,无得也无失,没有光荣也没有侮辱,永远是非常平静的,这就是清福。

七三

活在世界上,有很多挫折、很多不满,都要忍过去,要原谅别人、原谅环境,转而要求自己。

七四

福报是有穷尽的,每个人的光荣都是一下子;就像一支手电筒,希望一辈子发亮是不可能的。

悦心语

七五

人生的遭遇，成功与失败，吉、凶、祸、福，都有它的原因，真有智慧的人，要知道它的原因，不需要烦恼，不需要忧愁。

七六

"处无为之事"，一切作为，应如行云流水，义所当为，理所应为。做过了，如雁过长空，风来竹面，不着丝毫痕迹，不留纤芥在胸中。

七七

"万物作焉而不辞，生而不有，为而不恃"，反而使人们更尊敬，更体认自然的伟大。

七八

人类社会对人与人之间的是非毁誉，很难有绝对的标准。站在领导地位的人，对于互相怨憎的诽谤，和互相爱护的称誉，都要小心明辨。

七九

人类是很矛盾的生物,在道理上,都是要求别人能做到,以符合圣人的标准;在行为上,自己总难免在私欲的缠缚中打转。

八〇

能够做到冲虚而不盈不满,自然可以顿挫坚锐,化解纷扰。

八一

凡是有太过尖锐，特别呆滞不化的心念，便须顿挫而使之平息。

八二

此心此身，始终是"冲而用之或不盈"。一切不为太过、太甚。此心此身，仍然保合太和而澄澄湛湛，活活泼泼，周旋于尘境有无之间。

悦 心 语

八三

老子希望人们真能效法天地自然而然的法则而存心用世，不必标榜高深而务求平实，才说出"天地不仁，以万物为刍狗。圣人不仁，以百姓为刍狗"的名言，藉以警世。

八四

去掉自我人为的自私，把自己假相的身心摆在最后，看来像是外忘此身而不顾自己，其实是把自己身存天下的最好安排。

八五

老子说"多言数穷,不如守中",乃是教人只说所当说的,说过便休,不立涯岸。不可多说,不可不说。言满天下无口过,才是守中的道理。

八六

人如果有非分的欲望和希求,在满足中还要追求进一步的盈裕,最后终归得不偿失,还不如保持已得的本位就算了。

悦心语

八七

在现实人生中的人们，若能保持已有的成就，便是最现实、最大的幸福。

八八

小过不慎，终酿大祸，甚至于亡家亡国。

八九

人若能了知"梦间说梦重重梦,家外忘家处处家",又何必入山修道,然后才能解脱自在呢?

九〇

元朝密兰沙诗曰:"一家富贵千家怨,半世功名百世愆。"真是看透古今中外的人情世态。

悦心语

九一

"功成，名遂，身退，天之道。"一代交替一代，谁又能不自然地退出生命的行列呢？

九二

一个人如果已经握有锋锐的利器，但却仍然不满于现状，反要在锋刃上更加一重锐利，那么原有的锋刃就很难保了。

九三

思想的纷烦，情感的嚣动，体能的劳动，生活的奔忙，常使精魄涣散。如此动用不休，不能持盈保泰，终至死亡而后已。

九四

人不可为物情所累，而困扰于世俗的宠辱，因此而生得失之心。

九五

宠辱的发生,都由于我有我身之累而来,"及吾无身,吾有何患"?

九六

人生最好的境界是"不欲盈"。

九七

现在修道作功夫的人很多,但功夫却不上路,都因为违反了"不欲盈"的原则,而都在求盈。

九八

"此情可待成追忆,只是当时已惘然",名利如此,权势也如此。

九九

什么是"动之徐生"的修道功夫?"从容"便是。

##

你体会到生命根源是不生不灭,那就叫作明道,成了明白人,再也不懵懵懂懂,迷迷糊糊了。

一〇一

忘了自我，处处为人着想，你度众生，众生亦度你。

一〇二

由于一个人的坏，衬托出另一个人的好，那是不幸的事，"愿天常生好人，愿人常做好事。"

一〇三

智慧的反面就是奸诈，用得好就是大智大慧，用歪了就是老奸巨猾，全在一念之间。

一〇四

古人有两句话："宁作太平犬，莫作乱世人。"乱世的人命，的确不如太平盛世的鸡犬，随时都有被毁灭的可能。

一〇五

"见素抱朴,少私寡欲。"社会人类真能以此为生活的态度,天下自然太平。乃至个人拥有这种修养,一辈子便是最大的幸福。

一〇六

一个读书人,不可在学问、思想、文化上将就别人,附和别人,为了某种私利拐弯抹角,那就不对了。

悦心语

一〇七

"人之所畏，不可不畏。"不可不畏乃发自于自己内心的认识与选择，为了利益众生而随顺众生；不是受外在环境的制约，执著一般相对的价值标准。

一〇八

一个修道人的胸襟要"澹兮其若海"，像大海一样，宽阔无际，容纳一切细流，容纳一切尘垢。

一〇九

需多听听别人的意见,把所有的智慧,集中为你自己的智慧,你的智慧就更大了。

一一〇

自尊与傲慢,看是用在什么地方,用不对了,就是傲慢,用得好就是自尊。

悦心语

一一一

人真能够做到无争,那么"天下莫能与之争"。

一一二

真正天纵睿智的人,决不轻用自己的智能来处理天下大事;必须"集思广益""博采众议",然后有所取裁。

一一三

古人说:"圣人无死地,智者无困厄。"真有大智慧的人,不受困于环境,反能从重重困难中走出来。

一一四

"不俗即仙骨,多情乃佛心。"一个人不俗气很难,能够脱离了俗气,就是不俗,不俗就是神仙。

悦心语

一一五

知道进退存亡得失的关键,就是圣人。

一一六

一个英雄可以征服天下,但没有办法"降伏其心",没有办法征服自己这个心念。

一一七

一切的事物,同一理由,在最平凡之中,就有不平凡。

一一八

做人做事,就是一个恭敬的敬,就是儒家所讲的敬。

一一九

一个人能够敬己,然后才可以敬人;恭敬别人,也就是可以敬自己。

一二〇

在这个有缺陷的世界上,没有一个人的人生是圆满的,所以要保留一点缺陷才好,一切太满足了是很可怕的。

一二一

人生在世,一切的因果和遭遇,本身一定有其必然的原因,才有其必然的结果。

一二二

人生鸿福容易享,清福却不然,没有智慧的人不敢享清福。

一二三

一个有大智慧、大气魄的人,自己的思想、妄念,立刻可以切断,就像香象渡河一般,连弯都懒得转,便在湍急河水之中截流而过了。

一二四

真正的忍辱是八个字:"难行能行,难忍能忍。"

一二五

有勇而能忍,才是真正的忍辱。

一二六

一个人要先养成会享受寂寞,就差不多可以了解人生了,才体会到人生更高远的一层境界。

一二七

人生都是"看得破,忍不过。想得到,做不来"。

一二八

"慈悲生祸害,方便出下流",一味地讲求慈悲和方便,如果没有智慧,就反而出问题。

一二九

人们常说"苦海无边，回头是岸"。岸在哪里呢？不需要回头啊！现在就是岸，一切当下放下，岸就在这里。

一三〇

不学无术的人固然可怕，更可怕的是不学而有术的人。

悦心语

一三一

老子说"知人者智，自知者明"，能够自知才算真是个明白人。

一三二

让人家原谅的人，是末等人；你去原谅别人，才是第一等人。

一三三

对任何事都认真去做,非常谨慎、慎重,谓之敬。不敬事,就是不尊重自己。

一三四

人到了"无我",就能如行云流水。

一三五

"苟日新，日日新，又日新"，就是要不断地进步，满足于今天的成就，就是退步。

一三六

做好事有时会被人家骂，就像莲花种在淤泥中。你要不怕被骂，只问此心。

一三七

做好事要有智慧,没有智慧,你觉得自己在做好事,其实是增加别人的烦恼。

一三八

人家的好,不要嫉妒,要视之为应该;自己有什么好,要谦退,不以此为荣。

悦心语

一三九

成功是磨炼,失败更是磨炼。

一四〇

幸福不是能追来的,只有知足才能有真正的幸福;自己心理上知足,就永远在幸福中。

一四一

"人非有品不能闲",没有超越"了脱"境界的话,是闲不下来的。

一四二

"制心一处,无事不办",只要此心专一,没有做不成功的事。

一四三

"欲"是人类痛苦烦恼的根本,只要有嗜好,终究是生活的拖累。

一四四

"有求皆苦,无欲则刚",这世上,有几人不为自己的贪求和物欲掉入名利的牢笼呢?

一四五

真能达到"至静",病苦静了,烦恼静了,妄想也静了。

一四六

一个宽大淡泊的人,一定是仁慈的。

悦心语

一四七

自卑的人都是非常傲慢的,为什么傲慢?因为把自我看得很重要,很在乎自己,但是又比不上人家。自卑与自傲其实是一体的两面。

一四八

一个人入世也好,出世也好,一生有没有成就,就看他能不能做到"久要不忘平生之言"。

一四九

英雄的事业是建筑在大众的痛苦上,圣人则把天下人的痛苦一肩挑起;英雄与圣人的差别就在这个地方。

一五〇

太迷信科学,比迷信宗教还可怕。

一五一

"夫唯大雅,卓尔不群",只有真正有文化、有思想的人,才能独自站起来,自己建立一个独立的人格。

一五二

世界上有一个东西最骗人的,就是虚名。

一五三

大家拼命要发财,发了财干什么啊?赚钱非常难,可是用钱比赚钱更难。

一五四

儒家讲自助天助,自求多福;自己先求福报,做好人做好事,上天才保佑你。

一五五

"险躁则不能理性",诸葛亮教儿子,不可犯这险躁二字,否则不能理性。要做大事必须照规矩来,不能靠冒险偷巧。

一五六

"乖僻自是,悔误必多",个性太孤僻,或者太自以为是,后悔和失误一定多。

一五七

"因事相争,焉知非我之不是",因为事情与人发生矛盾,不一定是别人的错,首先要反省自己不对的地方。

一五八

"施惠勿念,受恩莫忘",这两句话对我一生影响很深,都是佛家、儒家、道家的精神。

悦心语

一五九

"凡事当留余地,得意不宜再往。人有喜庆,不可生嫉妒心",做人做事要留余地,好事、便宜不要多占,多占会有麻烦的。所谓"知足者富"。

一六〇

古人说"善于易者不卜",真把《易经》学通了的人不卜卦、不算命、不看风水。同时古人也讲过,"察见渊鱼者不祥",一个人能够精明到把水渊里的鱼都看得很清楚,那是不吉利的。

一六一

"善行无辙迹",是说真正做大善事、行止高洁的人,他所做的好事,完全不着痕迹,你绝看不出他的善行所在,因为他不求名、不求利,更不望回报。

一六二

假使一个人赚了很多钱,留住那些钱一点都不用,又算什么?我的经济学是:会赚钱不是本事,会用钱——而且钱要用得漂亮适当,才是真本事。

悦心语

一六三

一个人能够看清楚别人,就是一个很有智慧的人,也就是所谓"知人者智"。

一六四

"自知者明",能够自知才是一个明白人,但是天下明白人很少;世上的人都觉得自己最明白自己、别人不了解自己,可见"自知之明"很难。而圣人的自知之明,就是大彻大悟了。

一六五

佛家讲修定，定在哪里？定在专一；道家讲的是静，静在哪里？静在专一。

一六六

真正的修道，要把思想最尖锐的地方，磨炼成平和。许多青年人固然非常聪明，可是也犯了一个大忌，就是太尖锐了，聪明也是假聪明！一个真正有修养的人，就是达到"挫其锐"。

悦心语

一六七

人的一生中,万事都要留一步,不要做到极点;享受也不要到极点,到了极点就完了。

一六八

"图难于其易,为大于其细",天下最困难的事,对于真有智慧的人来讲,会找到事情的关键点,处理起来就很容易。而一个伟大的成就,是从小地方做起的。

一六九

"上德若谷",一个人真到了虚怀若谷,才能够包罗万象。

一七〇

"祸兮福之所倚,福兮祸之所伏。"老子告诉我们一个道理,祸与福是互为因果的。一个人正在得意时,就要知道得意正是失意的开始;而失意,却正是得意的起端。对于人生得失的感受,在于各人的观点看法如何。

悦心语

一七一

"天下大事,必作于细",人生要想成功一件事情,没有任何一点小事可以马虎的。很小的、不相干的事,常常会产生大纰漏;甚至于养生之道,也是如此。

一七二

"圣人方而不割,廉而不刿",做人要方正,但不要因为方正,而割舍其他一切;人方正到割裂其他的时候,就变成不能容物了。

一七三

"治人事天,莫若啬",这里老子告诉我们,做人做事要节省,说话也要节省,废话少说,乃至不说。不做浪费的事,集中意志做正当的事,这是对精神的节省,对生命的节省。

一七四

老子始终是主张道德的。与人有仇,对人怨恨,不是采取报复的态度,也不是容忍,是更高一点的大慈悲的态度,就是"报怨以德"。

悦心语

一七五

"智勇多困于所溺",一个人有智慧,有学问,有大勇,可是他有时一点都用不出来,因为你有所溺爱,就会有偏向,而把你蒙蔽了,你的智慧就判断错误了。

一七六

"多易必多难",若把天下事看得太容易了,认为天下事不难,最后,你所遭遇的困难便更重。天下事没有一件是容易的,都不可以随便。

一七七

"知不知上",真正高明之士,什么都知道,一切都非常了解。但是,他虽真聪明却装糊涂,外表显露出来的是不知,这是第一等人。

一七八

"不知知病",有些人自己根本不知,却处处冒充什么都懂,这就是不知知,是人生的大病。

悦心语

一七九

人生最难得是平安，人生平安就是福气。古人说："百年三万六千日，不在愁中即病中。"所以真能保持平安，才能保持长久。

一八〇

一件事情的成败，常有些前后相关的现象，当你动作的时候，它已经有现象了，自己没有智慧看不出来；如能把握那个"机"，就不至于失败。

一八一

"为者败之,执者失之",一个人太懂得有所作为,反而会失败。成功不是偶然的,有时要分秒必争,有时则是分秒不可争。必争者是我们人自己分秒都要努力;不可争者,因为时光是有隧道的,要分秒都到了才可以。

一八二

"无执故无失",因为知道宇宙万事万物,随时都在变化,所以圣人不固执成见,而是随时应变、通变,这就是"为无为"。

一八三

我们要追求的,是生命后面那个本有才对,不要被影像骗住了,欺骗了自己。

一八四

"有余者损之,不足者补之",天道就那么公平,你这里多了,他一定给你拿掉一点,少了又会补上一点。

一八五

"人道则不然,损不足以奉有余",人类却不像天那样公平,人们容易锦上添花,更有损人而利己者,所以人道会受惨痛的报应。

一八六

"求于人者畏于人",不管什么人,你只要求人就怕人。

悦心语

一八七

"人到无求品自高",一个人到了处世无求于人,就是天地间第一等人。

一八八

人生的境界,天下大事,个人事情都是一样,机会过了,你在后面赶,那没有不失败的。

一八九

做领导的人,当然非要精明不可,但是精明要有个限度,而且精明更不能外露。

一九〇

善于听话的人,才会善于讲话。

悦心语

一九一

"至言去言",最高明的话,是不讲话也懂了。

一九二

精明里头聪明难,糊涂亦难啊!由聪明转到糊涂是更难!精明太露,福德、福报就差了。

一九三

"日中不须臾",太阳当顶的时候,只有几秒钟就要下坡了,这是人生的境界。所以一个人得意的时候要留意了,不可以引满。

一九四

"利出者实及",你有利益给人家的话,实际好处就回到你身上。

一九五

"怨往者害来",你到处都埋怨别人,看不起别人,人家也看不起你,也讨厌你。

一九六

"生相怜,死相捐",活时彼此互相怜惜,彼此同情,彼此相爱,死后彼此就丢开了。

一九七

命运可不可以转变呢？可以转变，心的转变就可以转变命运。

一九八

"水太清则无鱼，人太清则无福"；这个社会就是形形色色，要能够包容了形形色色才行。

悦心语

一九九

你有道德，也不足以骄慢人；你对人家有好处，当下就应该忘掉。

二〇〇

"山中有直树，世上无直人"，有人说自己心直口直，那是假的啊！准备骂你是真的。

二〇一

"命好不如运好",运就是时,所以算命的道理,不得其时就不行。

二〇二

"欲除烦恼须无我,各有前因莫羡人",真想人生没有烦恼,除非你修养到无我的境界。

悦 心 语

二〇三

人生的遭遇，一切各有因果，不怨恨他人，也不羡慕他人。

二〇四

做事业也好、做人也好，都要把握时间与空间，这个就叫做机会。

二〇五

不懂学理光做功夫,尽管功夫练得很高明,也不是真成功。

二〇六

你以为出家就解脱了吗?六世达赖情歌里说:"只说出家堪悟道,谁知成佛更多情。"

悦心语

二〇七

最高的修养在于内心,不是在外面的东西,因为自己的思想与观念最难以克服。

二〇八

能在艰难困苦的境界,不为外境所动,不起恐惧之心,这才是"定"。

二〇九

"虽有智慧,不如乘势;虽有镃基,不如待时",即使有了智慧和基础,还是要乘势、要待时,才有办法成功。

二一〇

即使是以谈"空"为主的佛法,也注重时机因缘,何况是一切有而不空的世事呢?

悦 心 语

二一一

　　古今中外，不知埋没了多少人才，都是因为没有乘势，没有待时。

二一二

　　悲天悯人，正是圣贤和大英雄的动心之处。

二一三

人生随时随地被苦痛和快乐所左右,一个人如果修养到对世间的外在现象都无动于衷,那是多么的困难!

二一四

对功名富贵不动心,还算容易;但是当功成名就时,还要自己不动心,那就很难了。

悦心语

二一五

"不得于言,勿求于心",凡是在道理上讲不通的,就不要在心理上再去好强。

二一六

"不得于心,勿求于气",心里觉得不安、不妥当,就不要在意气上争求。

二一七

孟子说"持其志,无暴其气",真正的修养,还是从心理、意志的专一着手,然后使气慢慢地归元充满。

二一八

心理与生理两者若自然融合、协调,在待人处事之间,自有无比的镇定、勇气和决心,当然可以把事情处理得很好。

悦心语

二一九

所谓"圣贤",只是一个人内养的升华和外用的圆融罢了。

二二〇

烦恼不是痛苦,烦恼是由妄想而来;要做到妄想而不动心,真是谈何容易。

二二一

"一日清闲自在仙",我们如果能够有一天不忙碌,没有烦恼,那就好比神仙。

二二二

"事于过后方知梦,浪在波心翻觉平",人在身临其境时并不知道;所谓人生如梦,都是事后的诸葛亮。

悦 心 语

二二三

真修养到不动心,就是对一切外境都非常清楚,但是内心不会随着外境被情绪所控制。

二二四

如果没有经过时间、环境的考验,很难对一个人的品德、修养下一个断语。

二二五

心与气是相连的,所作所为,心理上如果觉得不对时,这气就消弱,不能起作用了。

二二六

凡是说话有所偏颇的人,他一定有所掩盖;换言之,思想有了偏见或成见,说的话也就有所偏向了。

悦 心 语

二二七

言语出于思想,不恰当的言语,是由不合理的思想而来的。

二二八

才器如果有所不足,那就要靠"力学"来弥补;如果才德俱佳,那么更要"博学",以精益求精。

二二九

人为万物之灵,应该效法"出类拔萃"的精神,踏踏实实地修炼自己的学养,有朝一日,平凡中自会有非凡的成果。

二三〇

人的习惯总不肯改变,等想到时,习惯已经使自己受了太多损失。

悦心语

二三一

一个国家，没有内忧外患，没有困难，就容易灭亡了。家庭、个人事业，又何尝不是如此。

二三二

撇开宗教不谈，福与祸，不是外来，的确都是自己求来的，求福则得福，求祸则得祸。

二三三

行仁则是求福,不仁则会招祸。

二三四

要想真正改变自己命运,不是靠他力,是靠自己"自求多福",这是破除一切迷信的真言。

悦心语

二三五

你感觉这个社会对你不适合,哪个朋友与你处不好,都是自己的原因。

二三六

真正的修行,包括修正心理行为,修正自己的起心动念,修正自己喜、怒、哀、乐的情绪。

二三七

假如没有转化心理行为的功力与智慧,则所有一切修行都是白说空话。

二三八

贯休和尚的诗:"修心未到无心地,万种千般逐水流。"

悦心语

二三九

一个人好胜好强,这是起于羞恶之心,本来是好的;但好胜好强过了头,反而不好。

二四〇

是非心是好的,基于善恶心而来,可是不知道调配,结果嫉恶如仇,非要以怨报怨不可,也未免失于恕道。

二四一

辞让心是好的,但是调配不当,就变成了窝囊。

二四二

在你心里,本来有一点善心,等于有一点火光,你把这火光点亮、放大,就变成大光明了。

悦心语

二四三

人即使有善良面,如果没有经过修养,或者没有受过教育,是不会扩充的。

二四四

在日常生活上,做善事、布施,假如做得不好、不适当,也会有不好的果,不可不小心。

二四五

"仁"是人类最好的安心之处。

二四六

一个人到了不仁不智,于是就无礼无义,就成为私心欲望的奴隶了。

悦心语

二四七

如果理智抵挡不住喜怒哀乐的情绪，那么人就成了这种情绪的奴隶了。

二四八

自己好胜、好强，并不算错，但是不能因别人胜过自己就怨恨别人，而要反求诸己。

二四九

是非看清楚之后，必须要能包容；如果不厚道，变得愤世嫉俗，这也算是一种毛病。

二五〇

人世间的功名利禄，毁谤责难，都如空中浮云，都会过去的，也都不是真实的。

悦心语

二五一

古人一旦错了,马上认错、改过;现在的人呢?犯了错往往将错就错。

二五二

人的一生贫贱和富贵,痛苦和快乐,都会轮流变更来,这有何稀奇,何必那么悲伤!

二五三

赚钱难,聚财难,但是用钱更难,散财更不易,能两者兼具者,必然是人中豪杰。

二五四

愈是受过患难曲折,生活在艰难困苦中的人,愈能反思立志完成伟大的学问、技能和道德修养。

悦心语

二五五

道家说:"绝利一源,用师十倍。"如果不绝世间多欲之心,又想达到超世逍遥之道,这是绝对不可能的事。

二五六

安身可以立命,绝虑弃欲可以养神。

二五七

身体保持安定状态,生命就有了根,丢掉了思虑,摒弃了欲望,精神就得到了培养。

二五八

正理只有一条,歪理可有千条。

悦心语

二五九

有句老话说，送人一斗米是恩人，送人一担米是仇人。帮朋友的忙，在他困难中救济一下，他永远感激；但帮助太多了，他永不满足。

二六〇

古人说"察见渊鱼者不祥"，可知聪明滥用的不智，万事先知，并不吉利。

二六一

"曲成万物而不遗",注意这个"曲"字,是非常妙的。万物的成长都是走曲线的,人懂了这个道理,就知道人生不能太直,要转个弯才成。

二六二

愈是想占有的人,愈是贫穷;愈是布施出来的人,愈是富有。

二六三

人生命运都掌握在自己手里,任何一种外力都是靠不住的。

二六四

"无咎者,善补过也。"要真正达到"无咎",你要善于补过,随时随地反省自己,检查出自己每一方面的错误和毛病。

二六五

"忧悔吝者存乎介",一个人顶天立地的站在那里,行得正、坐得稳,一切做最好的存心;当你遇到最痛苦、最麻烦的事时,自然也会逢凶化吉了。

二六六

"言行,君子之枢机。枢机之发,荣辱之主也。"开关一动,就关系一生的光荣,所以君子的一言一行,可以动天地,言行有如此之重要,能不谨慎小心吗?

悦心语

二六七

没有出世的修养,便不能产生入世的功业。做事业的人要真想成功,千万要有出世的精神。

二六八

一个人只要有"我",便都想指挥人,都想控制人,只要"我"在,就希望你听我的。这就是权力欲,要想没有这一种心理,非达到佛家无我的境界不行。

二六九

"祸福无门,惟人自召",祸福没有一个是命运规定不变的,就是看人自己的作为。

二七〇

上台容易下台难,善于失败的人,才能成功,失败比成功还要难。

悦心语

二七一

人生下来就抓，世界上什么都要抓，爱情、人情、儿女、钱财，到死的时候一定放掉，人死了就不能抓了。

二七二

善有善报，恶有恶报，不能抵消、冲淡。人情可以冲淡，宇宙法则是不能冲淡的，就像黑暗与光明不能中和一样的道理。

二七三

原谅别人是你有宽容的德性,原谅自己就是罪过。

二七四

什么是教育的目的?就是教做人;做人从什么时候开始?从心性修养开始,做一个堂堂正正的人。

悦心语

二七五

"知止",是要自己引导知性向一个最好的路上走,选定一条心性宁静的路给自己走。

二七六

古文有一句话,"恩里生害"。父母对儿女的爱是恩情,可是爱得太多,反过来是害他不能自立,站不起来了。

二七七

中国文化教育是从胎教开始,父母两人的意见、言谈、行为,不断地影响孩子,这种影响就是教育,也就是《大学》的齐家之道。

二七八

"外息诸缘",把外面物质世界的一切引诱、一切情绪都潇洒地放下,就是"格物"了。

悦心语

二七九

"祸兮福之所倚,福兮祸之所伏",人有时候遇到不如意的事,受到一些挫折,反而躲过了很多灾难,所以不一定是坏事。

二八〇

中国人有句老话"人到无求品自高",《金刚经》上讲"过去心不可得,现在心不可得,未来心不可得",你偏要去求一个可得的定境,这叫"背道而驰"啊!

二八一

古书上说"观今宜鉴古,无古不成今",想知道未来,要知道过去。不懂得历史,怎么晓得未来?

二八二

贪、嗔、痴、慢、疑、恶见,这是心性带来的缺点,人人具备,能把这几样改正好了,才是教育文化的重点。

悦 心 语

二八三

什么叫修行？自己用智慧、学问、修养，改正了贪、嗔、痴、慢、疑，以及不正确的观念，这就是修行之路。

二八四

"谁人背后无人说，哪个人前不说人"，人最容易犯这"两舌"的口过。

二八五

世界上所有的财富银钱,在哲学的道理上来讲,都是"非你之所有,只属你所用"而已。

二八六

一个人宁可做一个被欺骗的君子,也不愿做使用欺骗手段的小人。

悦 心 语

二八七

儒家的思想是,人要保持适当程度的自私,然后实行大公;绝对无私是做不到的。

二八八

了解自己的人,才算是明白人,那就开悟了;开悟也就是了解自己,认识自己本来面目。

二八九

青年人要注意,到社会中去工作,第一步的"出处"很重要,走错了很难转回来。

二九〇

人与人之间相交,第一要"不挟长",不以自己的长处,去看别人的短处。

悦 心 语

二九一

做人做事，要有一定的标准范围，同样一件事，在不同的时间、不同的空间，对不同的人物，处理的方式，也是不相同的。

二九二

人到了最后只有"我"第一，非到患难看不出真正的道德。

二九三

平常人喜欢说"我看得开",其实一点也看不开,而是"看进来",只看到自己,看不到别人。

二九四

"转变从心,前尘无定",一切因果的转变,为善为恶,就在你自己一念之间。

悦心语

二九五

一个人世故人情通达了,"广知世事休开口",少说是非,别人跟你说好说坏,也只是点点头。

二九六

人生无所谓乐苦,皆由心变。本来在幸福中,因自己观念的问题而成痛苦的环境,这是自己心理造成的。

二九七

学问是学问,行为是行为;对佛学所懂的道理与身心修养配不起来,那学问等于白费。

二九八

学佛修行是发广大心,换句话说,慈悲就是爱一切众生,虽然做不到,心向往之,才是广大的修行。

悦 心 语

二九九

一切难行能行,难忍能忍,才是菩萨道。

三〇〇

一个真正学佛的人,随时要有这样的诚心:生利益众生之心,使众生得安乐之心。

三〇一

真正成佛,是把个人的小贪嗔痴转化发展到爱护一切众生的大贪嗔痴。

三〇二

真正成佛的人,是"拔出众生处处贪著",拔出众生种种的苦。

悦心语

三〇三

所谓修持的功力就在这里：把脾气转为慈悲，把烦闷转为快乐，这就叫一步一步修行，修正自己的行为。

三〇四

"足根立稳千秋定，心境空时万象现"，人生的哲学、教育的最终目标，在建立一个人的人格，不要因为环境而动摇。

三〇五

当你起一念善心时，善就在；当你起一念恶心时，恶就在。到哪里去另外找一个善恶?善恶就是一念，就在这里。

三〇六

学佛用功并不难，难的是明理。

悦心语

三〇七

人世间一切皆苦。人为什么那么苦?那是人甘愿的,自己去"集",抓来许多的苦,把它当成人生。

三〇八

凡是中国人都知道四大皆空,人生如梦,大家在劝人家时都是如此慰藉对方的。但是当事情真正降临自己头上时,却是半点也空不了。

三〇九

为人父母的要清楚,孩子"笨"一点好,慢点成熟也算是后福嘛!不然就像水果一样早熟早凋谢,这是人类的悲哀。

三一〇

"若欲照知,须知心原",你要反照自己。一般人看人家看得很清楚,观察自己很难,人唯一看不到的就是自己。

悦心语

三一一

妄念必须要靠智慧才能破除。其实妄想就像虚空中飘荡的微尘一样,自作聚散,永远也留不住的。

三一二

老师是什么?是做钥匙的锁匠;锁匠可以为你打造钥匙,但智慧之门要你自己开启。

三一三

"天不常晴,医不专散,食不恒饭",你看天地宇宙的变化,就知道自己用功的方法不可呆板,要晓得因时因地转变。

三一四

人类社会,不论任何地区,只要能做到"风调雨顺,国泰民安",这就是大同世界,也是现实人间的极乐世界。

> 悦 心 语

三一五

福气福气,福有多大,气就有多大,你要是肯受气,那就去修福。

图书在版编目(CIP)数据

悦心语/南怀瑾著述.—上海:复旦大学出版社,2017.4(2017.5重印)
ISBN 978-7-309-12783-6

Ⅰ.悦… Ⅱ.南… Ⅲ.南怀瑾(1917-2012)-语录 Ⅳ.B261

中国版本图书馆 CIP 数据核字(2017)第 012156 号

悦心语
南怀瑾 著述
责任编辑/邵 丹
复旦大学出版社有限公司出版发行
上海市国权路 579 号 邮编:200433
网址:fupnet@fudanpress.com http://www.fudanpress.com
门市零售:86-21-65642857 团体订购:86-21-65118853
外埠邮购:86-21-65109143 出版部电话:86-21-65642845
上海丽佳制版印刷有限公司

开本 890×1240 1/32 印张 5.25 字数 47 千
2017 年 5 月第 1 版第 2 次印刷
印数 8 101—13 200

ISBN 978-7-309-12783-6/B・597
定价:35.00 元

如有印装质量问题,请向复旦大学出版社有限公司出版部调换。
版权所有 侵权必究